SUR GRIN VOS CONNAISSANCES SE FONT PAYER

- Nous publions vos devoirs
  et votre thèse de bachelor et master

- Votre propre eBook et livre –
  dans tous les magasins principaux du monde

- Gagnez sur chaque vente

Téléchargez maintentant sur www.GRIN.com
et publiez gratuitement

Hannah-Kristin Elenschneider

UNICUM.de – Die Wissensreihe

UNICUM.de

Band 32

La guerre en Irak dans "L'EXPRESS"

Une comparaison entre la France et l'Allemagne

GRIN Publishing

Bibliographic information published by the German National Library:

The German National Library lists this publication in the National Bibliography; detailed bibliographic data are available on the Internet at http://dnb.dnb.de .

This book is copyright material and must not be copied, reproduced, transferred, distributed, leased, licensed or publicly performed or used in any way except as specifically permitted in writing by the publishers, as allowed under the terms and conditions under which it was purchased or as strictly permitted by applicable copyright law. Any unauthorized distribution or use of this text may be a direct infringement of the author s and publisher s rights and those responsible may be liable in law accordingly.

Imprint:

Copyright © 2004 GRIN Verlag, Open Publishing GmbH
Print and binding: Books on Demand GmbH, Norderstedt Germany
ISBN: 978-3-656-36238-8

This book at GRIN:

http://www.grin.com/fr/e-book/208667/la-guerre-en-irak-dans-l-express

GRIN - Your knowledge has value

Since its foundation in 1998, GRIN has specialized in publishing academic texts by students, college teachers and other academics as e-book and printed book. The website www.grin.com is an ideal platform for presenting term papers, final papers, scientific essays, dissertations and specialist books.

Visit us on the internet:

http://www.grin.com/

http://www.facebook.com/grincom

http://www.twitter.com/grin_com

Willibald-Gymnasium
Eichstätt

Kollegstufenjahrgang
2002 / 2004

FACHARBEIT

aus dem Fach
Französisch

Thema: La guerre de l'Irak se reflétant dans les articles de «L'EXPRESS»: une comparaison entre la France et l'Allemagne

Verfasser: Hannah-Kristin Elenschneider
Leistungskurs: Französisch

Kursleiter: StD Klier
Abgabetermin: 02. Februar 2004

Erzielte Note: .... in Worten: ....

Erteilte Punkte: .... in Worten: ....
(einfache Wertung)

Abgabe am: ....

....
(Unterschrift des Kursleiters)

Table des matières

Page

1. La guerre en Irak - un rapprochement franco-allemand?   4

2. *L' EXPRESS*..

   2.1 Des informations générales sur l'hebdomadaire...............................5
   2.2 L'importance et situation en France depuis 1953.............................6
   2.3 Les lecteurs...7

3. Sujet: La position allemande concernant la guerre en Irak....................

   3.1 La présentation de la position allemande dans *L'EXPRESS*............8
   3.2 Les relations entre l'Allemagne et les Etats-Unis...............................9
   3.3 La situation financière et économique de l'Allemagne.....................11
   3.4 La position de Gerhard Schröder..12
      3.4.1 Avant l'élection du 22 septembre 2002....................................13
      3.4.2 Après l'élection..13

4. Sujet: La position française concernant la guerre en Irak......................

   4.1 La présentation de la position française dans *L'EXPRESS*............ 15
   4.2 Les relations entre la France et les Etats-Unis..................................16
   4.3 Les intérêts économiques de la France..16
   4.4 La position de Jacques Chirac...17
      4.4.1 Jacques Chirac suivant Gerhard Schröder...............................18
      4.4.2 Jacques Chirac se ménageant une porte de sortie.....................19
   4.5 Les relations françaises avec l'Irak..20

5. Le rôle de l'Union européenne dans le conflit..

   5.1 La future fonction de l'Union européenne...22
   5.2 La lutte pour le pouvoir provoquant une division de l'Europe..........22
   5.3 La situation de l'Allemagne dans l'Union européenne.....................24
   5.4 La situation de la France dans l'Union européenne.........................24

6. Le rapprochement franco-allemand pendant la crise en Irak............
6.1 Les conditions pour un rapprochement.......................................25
6.2 L'importance du rapprochement pour l'Europe............................26

7. Conclusion   27

Annotations   28

Appendice..
1. Les tableaux..30
1.1 Les hebdomadaires illustrées d'information en France...............30
1.2 Le tirage de L'*EXPRESS* entre 1960 et 1979..............................30
1.3 Les lecteurs de L'*EXPRESS*..31
2. L'explication des noms cités des collaborateurs de *L'Express*..........33

Bibliographie..
1. Littérature primaire...36
2. Sites Internet..37
3. Littérature d'accompagnement...38

Erklärung   39

1. La guerre en Irak - un rapprochement franco-allemand?

Pour les relations futures entre la France et l'Allemagne, il est nécessaire que les deux Etats sortent des sentiers battus. Dans le monde d'aujourd'hui avec ses crises politiques et économiques, les anciens ennemis héréditaires doivent donner l'exemple et montrer une réconciliation couronnée de succès. Quand ils acceptent les divergences d'opinions inévitables, c'est-à-dire accepter que chaque pays agit à cause d'une identité particulière et des intérêts nationaux - il y a la possibilité d'une coopération entre deux partenaires égales en droits.[1]

Jusqu'à quel point, cette exigence, formulée pendant une période où les relations politiques entre ces deux pays étaient plutôt défectueuses[2], est-elle satisfaite aujourd'hui concernant le rapprochement franco-allemand dans le conflit dans l'Irak? Les deux pays - ont-ils donné un exemple pour le monde et l'Europe en ayant une position claire en ce qui concerne la guerre de l'Irak ou sont les positions allemandes et françaises plutôt fondées sur des intérêts individuels? A l'avenir, comment cette coopération franco-allemande va-t-elle influencer l'Union européenne? La comparaison entre la position française et la position allemande concernant la guerre de l'Irak, comme ils se reflètent dans les articles de *L'EXPRESS* peut en donner une réponse.

2. *L'EXPRESS*

Pour tirer une conclusion de la comparaison entre l'opinion française et l'opinion allemande, il est inévitable de donner un bref aperçu de *L'EXPRESS* et une analyse de ses lecteurs.
De surcroît, il faut garder en tête que la comparaison est presque exclusivement fondée sur des articles de *L'EXPRESS*, une hebdomadaire illustrées d'informations, naguère un porte-voix de la politique, quand Jean-Jacques Servan-Schreiber, un des fondateurs de *L'EXPRESS*, a travaillé comme secrétaire général du Parti Radical Socialiste sans cesser son collaboration au journal.[3]

2.1 Des informations générales sur l'hebdomadaire

Fondé le 16 mai 1953 par Jean-Jacques Servan-Schreiber, le futur Directeur de la Publication à partir de 1956, et Françoise Giroud, L'EXPRESS existe comme périodicité hebdomadaire depuis le 9 mars 1956. Pendant cette phase initiale il a représenté un lieu de rencontre de Pierre Mendès-France, François Mauriac et André Malraux. Eux et Jean-Paul Sartre, qui a collaboré à L'EXPRESS depuis 1956, renvoient l'image d'un haut niveau. Suggéré par des magazines d'informations américains, L'EXPRESS est devenu onze ans après son création le premier magazine d'actualité français. En fait, L'EXPRESS INTERNATIONALE d'aujourd'hui est une formule qu'on a modifié en mai 1996, peu après que Denis Jeambar est nommé Directeur de la Rédaction. Jusqu'à présent, Denis Jeambar est Directeur de la Rédaction, Directeur de la Publication est aussi Président du Directoire du Conseil de Surveillance. Pendant les années quatre-vingts L'EXPRESS s'est développé vers une hebdomadaire riche et variée concernant le contenu des reportages.[4]

De surcroît, il y a eu souvent des changements en ce qui concerne les rubriques, car la présentation donne à la presse périodique une parution plus promotionnel et la différencie toujours plus du quotidien.[5]

« Un double Express : le News repensé pour décrypter, analyser, approfondir ce qui est essentiel dans une actualité; le Magazine pour saisir l'air du temps, le décoder et enrichir sa vie. »[6]

Du point de vue du contenu, il y a d'un côté les articles du fond, les reportages et les chroniques consacrés à la politique française et mondiale. En tout cas, ce sont des articles qui aident les gens à se faire une opinion. D'autre côté il y a des pages consacrées à la littérature, l'art et la musique. En générales des domaines de la culture française. La division en rubriques donnée se développe toujours. Actuellement il y a la division claire en: «L'évènement, Les indiscrets, La semaine (France, Monde, Société, Découvertes, Culturel, Livres, La semaine des lecteurs, Economie), Jouer».[7] Pour chaque de ces rubriques il y a à peu près cinq à dix journalistes.[8]

L'EXPRESS doit aussi vivre avec son temps: en 1997, l'hebdomadaire avait lancé son site Internet. Trois ans après, la formule du site Internet d'aujourd'hui est introduit: «www.lexpress.fr», qui offre la possibilité de s'informer, de passer le temps et en plus de discuter l'actualité politique, économique et internationale dans les forums.[9] Le but est de lier les internautes qui préfèrent s'informer en ligne à l'hebdomadaire.

2.2 L'importance et situation en France depuis 1953

Après la transformation de l'hebdomadaire libérale de gauche qui se prononçait catégoriquement contre une guerre en Algérie et contre les idées de Charles de Gaulle, en un magazine d'actualité avec beaucoup de réclames, la plupart des journalistes engagés dans le domaine politique sont partis chez *Le Nouvel Observateur*. Voilà pourquoi *L'EXPRESS*, l'ancienne hebdomadaire avec une fonction politique, a suivi une ligne modérée et réformiste à partir de cela. L'effet était une augmentation brutale de la tirage entre les années 1960 et 1967, car la nouvelle ligne a plu plutôt à la grande masse. Mais déjà en 1971 les chiffres ont baissé en raison de la fondation de l'hebdomadaire *Le Point* par des journalistes de *L'EXPRESS*, qui ont quitté la rédaction après la nomination de Jean-Jacques Servan-Schreiber, le Directeur de la Publication, au poste de président de la Parti Radical. *Le Point* a lié un part des lecteurs de *L'EXPRESS* à lui-même. Depuis ce moment-là, *L'EXPRESS* représente une tendance antigaulliste, réformiste et technocratique dans la droite française. Concernant la politique intérieure, l'hebdomadaire est liée forte à la pensée regionaliste. Quant à la politique extérieure, le magazine est partisan de l'union de l'Europe et d'un attachement européen aux Etats-Unis.[10]
En France, il y a trois grands périodiques d'information du type de *Der Spiegel*.

La part de marché de *L'EXPRESS* entre les hebdomadaires illustrées d'information quant au diffusion dans la R.P. se situe avec 32% juste derrière *Le Nouvel Observateur* (35%) et *Le Point* (35,3%). En tout, il n'y a pas des grandes différences entre les trois hebdomadaires les plus importantes dans cette catégorie. A cause de son propre orientation politique, chaque magazine a un lectorat stable. Tous les résultats se situent entre 32% et 35,3%. En revanche, on constate des résultats clairs concernant les abonnés: ici, *L'EXPRESS* se trouve en première position avec un noyau de 69% des clients habituels succédé par *Le Nouvel Observateur* (58%). Ça veut dire d'un côté que beaucoup de Français préfèrent le portage à domicile et d'autre côté que *L'EXPRESS* est l'hebdomadaire qui vit surtout de ses lecteurs abonnés permanentes. C'est aussi une indication sur un lectorat stable. Concernant la tirage, *L'EXPRESS* est en première position avec 545 348 exemplaires vendus.[11] Généralement, *L'EXPRESS* fait partie des plus grandes et importantes hebdomadaires françaises et de cette façon, *L'EXPRESS* a une influence non négligeable sur l'opinion publique en France avec un tirage d'aujourd'hui de 715 500 exemplaires environ.[12]

2.3 Les lecteurs

« chaque catégorie, chaque type, et même chacun des organes de la presse périodique, a une clientèle limitée à un groupe social déterminé. »[13]

Un jugement qui correspond aussi à *L'EXPRESS* qui est lu surtout par les cadres habitant les grandes villes, ayant des revenus assez confortables[14], comme le montrent les publicités que l'hebdomadaire contient. C'est ainsi que 75% des recettes de l'hebdomadaire provient des annonces, car le magazine est intéressant comme supports publicitaires à cause d'un lectorat haut de gamme.[15] Alors, la statistique indique la cible de leur publicité.

Le lecteur moyen de L'EXPRESS est décrit comme suit:
En moyenne il est un homme d'âge mur, qui provient d'un cadre moyenne avec un diplôme de fin d'études universitaires. Son revenu annuel se situe ou bien entre 18 000 et 36 000 € ou bien entre 36 000 € et plus. C'est frappant qu'il y a presque autant des gros salaires que des gagnants moyens. Par contraire, la part des lecteurs des revenus bas est petit. Il y a un rapport entre le niveau d'instruction des lecteurs, les PCS individus et les revenus annuels du foyer: la plupart des lecteurs a visité des établissements d'enseignements secondaire et a fait des études. Enfin, ils ont choisi une profession qui convient à leur niveau d'instruction, bref, souvent des profession avec des salaires moyens. La majorité des lecteurs a plus de 50 ans, donc, la part des retraités est plus grand que celle des étudiants et lycéens, car dans cette tranche d'âge il y peu des lecteurs.[16]

3. Sujet: La position allemande concernant la guerre en Irak

Premièrement, la crise en Irak et son attitude pacifiste ont assuré la réélection de Gerhard Schröder.[17]
Deuxièmement, malgré sa décision de ne pas soutenir les Etats-Unis dans la guerre en Irak, Gerhard Schröder n'a pas risqué une cessation des relations diplomatiques avec les Etats-Unis. En fait, Gerhard Schröder est en train de se réconcilier avec George W. Bush.[18]

3.1 La présentation de la position allemande dans L'EXPRESS

L'histoire de l'Allemagne a joué un rôle particulier concernant la position allemande dans le conflit en Irak. Selon Michel Faure et Blandine Milcent, la société allemande a une vocation naturelle à la réflexion morale sur la violence depuis la fin de la Seconde Guerre mondiale. De plus, le mur de Berlin et le fait que l'Allemagne était situé entre les deux fronts pendant la guerre froide ont contribué à cette sentiment plutôt pacifiste.

Le refus d'une intervention militaire en Irak était fondé sur une argumentation sur les dangers de l'unilatéralisme, de frappes préventives et les risques d'une déstabilisation des pays arabes et du Proche-Orient.[19]
Du point de vue des journalistes, la position allemande a influencé le résultat de l'élection du 22 septembre 2002. Le chroniqueur Bernard Guetta l'interprète comme une signe du côté de la population allemande contre le plan des Etats-Unis de partir en guerre et de faire pression sur les Etats membres de l'UE pour qu'ils lui suivent. En d'autres termes, on n'a pas voté pour Gerhard Schröder et sa politique, on a voté contre la guerre en général et en particulier contre une participation à la guerre. En plus, selon Bernard Guetta, ce n'était pas seulement l'opposition contre la guerre qui a plu aux électeurs, mais le refus avait eu l'air d'une Allemagne si fort qu'elle peut parler pour elle-même. C'est-à-dire une nouvelle Allemagne autonome après avoir jouer le rôle d'une subalterne depuis 1945. Contrairement à Gerhard Schröder, Edmund Stoiber ne s'est prononcé pas si claire contre une guerre.[20]
En fait, son parti n'a voulu pas s'engager: il n'a voulu pas perdre les Etats-Unis en qualité d'un investisseur. Si cette exigence sera satisfait, il était prêt à suivre la ligne franco-allemande, au cas où son parti aurait enfin trouvé une ligne commune.[21]
Il confirme le thèse de Blandine Milcent que le plan de George W. Bush était l'occasion pour Gerhard Schröder de se servir des voix publiques qui se sont élevées contre la guerre pour gagner l'élection.[22]

3.2 Les relations entre l'Allemagne et les Etats-Unis

«Une diplomatie qui dérape»[23] - les relations diplomatiques entre l'Allemagne et les Etats-Unis, naguère deux solidaires, étaient certainement difficiles après l'annonce de Gerhard Schröder qu'il ne va jamais soutenir George W. Bush. Sans doute, le choix de mot de Gerhard Schröder, en parlant d'un «aventurisme américain»[24] a détérioré les relations.

En outre, Michel Faure et Blandine Milcent parlent d'une déception des Etats-Unis suivant ces rapproches de Gerhard Schröder, car ils n'ont pas attendu que le chancelier et ancien allié va oser être contre eux.[25]
A mon avis, si on parle des Etats-Unis déçu en critiquant que Gerhard Schröder n'a pas tenu sa promesse d'une solidarité sans réserve après le 11 septembre 2001, il faut tenir compte du fait que Jacques Chirac était le premier homme politique européen à manifester sa solidarité totale avec les Etats-Unis.[26]
L'EXPRESS même parle du grand effort de Joschka Fischer, le ministre allemand des Affaires étrangères, d'apaiser la relation refroidie avec George W. Bush, qui a plus ou moins ignoré la réélection de Gerhard Schröder.[27]
Du côté de la Maison-Blanche les Allemands sont, semblable aux Français[28], des traîtres[29]. Avec ce refus envers la politique américaine, Gerhard Schröder se comporte dorénavant même typiquement français, à l'avis de Bernard Guetta.[30]
Mais à l'avis de Michel Faure, les Etats-Unis n'étaient pas considérés comme un protecteur, mais comme un responsable pour la séparation de la nation allemande et même comme un facteur qui peut déstabiliser l'équilibre répondu de la paix à l'époque de la jeunesse de Gerhard Schröder et Joschka Fischer. Du côté de la gauche, la politique américaine était observée d'une façon critique, les actes américains étaient trop dangereux aux leurs yeux. A l'avenir, l'Allemagne va suivre une politique d'une autonomie de la diplomatie, qui sert aux intérêts nationaux. Au surplus, le différent entre ces deux pays concernant l'Irak est l'effet d'une certaine normalité voulu par Gerhard Schröder.[31]
Cette sentiment d'une anti-américanisme et d'une pacifisme nationale est pour l'auteur la condition pour l'attitude de Gerhard Schröder envers une guerre en Irak:

> « l'accomplissement [...] de ce rêve de jeunesse, cette volonté ancienne, née au cœur de la guerre froide, de s'affranchir de la tutelle étrangère maintenant que la nation allemande est [...] «libérée» [...] de son histoire [...] et des Etats-Unis. Pour le candidat Schröder de l'été 2002, déclarer son hostilité à une guerre américaine en Irak était donc assez naturel. »[32]

Mais autant que je sache, Gerhard Schröder n'était pas toujours anti-américain concernant sa politique étrangère, c'est en contradiction avec cette affirmation de l'auteur. De plus, la politique ne tient jamais compte des relations personnelles ou des «rêves de jeunesse». Sans conteste, Gerhard Schröder était le premier qui se n'est pas plié à la volonté des Etats-Unis. Mais il était aussi le premier à se réconcilier avec George W. Bush en changeant son ton au début de l'offensive américaine en Irak. Il veut que l'industrie allemande puisse tirer profit de la reconstruction de l'Irak. C'est pourquoi il suit une nouvelle ligne politique:

« une fois la guerre engagée, ne regardons plus en arrière, mais œuvrons à l'après-guerre pour rester dans la course. »[33]

3.3 La situation financière et économique de l'Allemagne

Naguère, l'économie allemande la plus importante de l'Europe a fait peur aux Français. Maintenant, les chiffres français sont mieux concernant le chômage, le déficit public et la demande selon les statistiques. Le respect pour l'Allemagne reste encore, mais son image est en train de changer. Elle est devenue «l'homme malade»[34] en Europe: la réunification, la crise monétaire, l'euro, le krach et par conséquent la dette des banques et entreprises sont les facteurs qui ont affaibli le pays sur le plan financier. Une amélioration de cette situation n'est pas en vue à cause du gouvernement hésitant à entreprendre les réformes nécessaires et du peuple voyant toujours son intérêt, bien qu'il ait déjà perdu la confiance en leur système.[35] Cette statistique souligne le thèse, que Gerhard Schröder a eu besoin de l'occasion de se présenter comme pacifiste pour gagner l'élection, car sa compétence en politique intérieure face à ces chiffres était jugée plutôt négative. Il me semble que ces chiffres, seulement comparés avec ceux de la France et l'illustration d'un aigle plumé donnent l'image d'une Allemagne faible aux Français. De surcroît, les Français pourraient se sentir désormais supérieurs bien qu'ils aient aussi des problèmes économiques.

3.4 La position de Gerhard Schröder

« Unsere und die künftige Generation von Politikerinnen und Politikern haben eine einmalige historische Chance, Europa dauerhaft zu einem Ort des Friedens [...] zu machen. »[36]

La paix, un mot clé de Gerhard Schröder. Pendant la guerre en Irak, il s'est présenté en qualité d'un homme pacifiste qui ne veut pas causer des plusieurs foyers des crises dans le monde. C'est pareil pour Joschka Fischer, qui a annoncé dans un interview:

« Notre position est [...] claire : nous ne prendrons pas part à une option militaire [...] Notre but est le désarmement pacifique de Saddam Hussein s'il s'avère que l'Irak possède des armes de destruction massive [...] Ce n'est pas uniquement une question de promesse électorale, même si je vois là une raison suffisante pour ne pas participer à une guerre. »[37]

Premièrement Joschka Fischer a affirmé qu'il y avait une opinion pacifiste en Allemagne dont on avait profité pendant la campagne électorale. Selon *Le Financial Times Deutschland* plus de 80% des Allemands ont considéré une intervention militaire en Irak pas justifié et encore 57% ont cru que les Etats-Unis, plutôt George W. Bush aiment faire la guerre.[38] Deuxièmement il s'est engagé à propos d'une position absolue contre la guerre, mais il a laissé en suspens un engagement humanitaire après la guerre ou quelque chose de semblable.

Cette attitude pacifiste a renforcé Gerhard Schröder dans les domaines de la politique intérieure et extérieure. Bref, il joui une certaine estime maintenant et ça lui donne le courage nécessaire de se montrer plus décidé sans essayer d'éviter des explications comme d'autrefois.[39]

Face aux risques incalculables qui pourraient résulter de la guerre, Bernard Guetta a donné raison à Gerhard Schröder qu'on ne peut pas aspirer à une option militaire déstabilisant le monde. Comme le chancelier allemand, les autres hommes politiques en Europe doivent absolument essayer d'éviter une guerre provoquée par les Etats-Unis déraisonnables.[40]

3.4.1 Avant l'élection du 22 septembre 2002

Le «chancelier solitaire»[41] s'est retrouvé seul dans le pays-même et à l'étranger. Gerhard Schröder a dû inspirer confiance et se faire écouter dans une grande coalition, chez l'opposition et chez le peuple allemand à cause des problèmes en matière de politique intérieure qui ont causé une sentiment d'insatisfaction.[42] En France, il est observé d'une façon critique. En fait, on ne lui croire capable d'entreprendre des reformes nécessaires et un demi an avant l'élection on lui a vu être pris au piège, un homme avec un gouvernement pour lequel il n'y a pas urgence en Allemagne.[43] Certes, les journalistes savent que Gerhard Schröder devait son réélection à la crise dans l'Irak:

« En se déclarant hostile à une guerre en Irak, il a canalisé à son profit, avec l'aide de son ministre des Affaires étrangères, le Vert Joschka Fischer, un courant pacifiste que les deux hommes connaissent intimement pour l'avoir traversé. Il a toujours exercé, depuis les années 1950 jusqu'à aujourd'hui, une profonde influence sur la société allemande. »[44]

Franz Walter, un politologue allemande a avoué dans *L'EXPRESS* que Gerhard Schröder sait de tirer profit des circonstances comme la guerre en Irak ou l'inondation en Allemagne contrairement à la partie adverse, en particulier Edmund Stoiber. Dans cette citation il a reproché au chancelier, qu'il n'a «ni concept ni ligne directrice»[45] au-delà ça. Déjà pendant la guerre en Kosovo, il a montré son talent de tirer profit de cette crise pour sauver sa peau.[46]

3.4.2 Après l'élection

Le 23 janvier 2003, Gerhard Schröder s'est prononcé contre la guerre avec ou sans l'aval de l'ONU à Berlin:

« L'Allemagne ne peut approuver une légitimation de la guerre. Tout doit être entrepris pour faire appliquer la résolution 1441 par des moyens pacifiques. »[47]

Voilà la déclaration d'une attitude pacifiste sans tenir compte du fait de savoir comment le Conseil de sécurité de l'ONU va décider sur le conflit en Irak. D'après Michel Faure, la conséquence de cette position radicale est le fait que la diplomatie allemande se trouve dans une «impasse»[48].

En utilisant une citation qui a jugé cette position absolument inexplicable, l'auteur a critiqué le fait que Gerhard Schröder s'était engagé trop tôt sans penser aux conséquences politiques. Quant à l'ONU et le créance allemand d'une siège permanent ici, un conseiller du Pentagone voit un pays insignifiant qui va rester un membre non-permanent à partir de 1er janvier 2003 pour deux ans.[49]

Naturellement, les journalistes doivent être critiques concernant des affirmations des hommes politiques américains, car il s'agit ici des menaces quelquefois.

Autrement dit: Gerhard Schröder s'était marginalisé sur le plan politique, malgré le rapprochement franco-allemand. Ça veut dire que l'Allemagne était isolée et que la France n'était pas entièrement du côté de Gerhard Schröder. La raison d'après Blandine Milcent pour cette situation: le programme électorale concernant la guerre d'Irak était exagérément pacifiste.[50]

En plus, le chancelier a risqué de mettre en question la collaboration avec Joschka Fischer qui constitue pour Michel Faure un «tandem parfait»[51], car ils semblent de se ressembler: ce sont deux personnes extérieures dans leurs partis qui gouvernent l'Etat. Mais contrairement à l'auteur, je ne peut pas voir plusieurs points communs entre eux. En outre, le chancelier est présenté comparable à un homme naïf dont lequel on se ridiculise:

« Et, aux gazettes qui s'inquiètent de sa solitude, voici mes amis, répond-il, Chirac et Poutine, qui viennent me rejoindre et me sauver la mise. »[52]

Gerhard Schröder, le «joueur»[53], qui ne se laisse pas abattre - c'est l'image du chancelier dans *L'EXPRESS*.

Personnellement, je trouve que Gerhard Schröder a agi un peu précipité et peu diplomatique risquant le danger de se retrouver seul. Contrairement à Jacques Chirac il n'était pas possible de faire machine arrière.

4. Sujet: La position française concernant la guerre en Irak

Contrairement à Gerhard Schröder, Jacques Chirac n'a pas voulu s'engager avant le début d'année 2003. Ainsi que les Etats-Unis, la France n'était pas prête à accepter la violation des résolutions de l'ONU par le régime en Irak. Bien que la France ne se soit pas prononcé si radicale contre les Etats-Unis comme l'Allemagne, elle doit se battre plus avec des ressentiments américains maintenant.[54]

4.1 La présentation de la position française dans L'EXPRESS

Sans doute, la France a voulu augmenter les dépenses d'armement pour que son armée disponible et préparé pour des missions futures dans le pays-même et à l'étranger puisse commandé l'Europe en tant qu'une «nation-cadre»[55], ensemble avec une Allemagne alliée. Le but de la France est la création d'un militaire si grand et bien équipé qu'il peut prendre des propres missions à l'étrangère et qu'il est pris au sérieux dans le monde sans jouer un rôle secondaire. A la différence des Etats-Unis la France veut établir des services secrets qui s'occupent des langues et cultures dans le monde. A proprement parler, la France veut être indépendant des autres services secrets, notamment ceux des Etats-Unis et leurs décisions.[56]

> « on aime ce moment où la volonté s'impose, où la France se fait plus grande qu'elle n'est, où sa seule obstination cristallise un malaise et pousse les Etats-Unis à composer. Sans la France, George W. Bush aurait obtenu gain de cause. »[57]

Bernard Guetta affirme que c'était le mérite de la France d'avoir défendu le droit international et le principe d'une concertation des Nations unies. En préférant un jugement commun et des inspections au lieu d'une option militaire, la France a limité le pouvoir des Etats-Unis. Enfin, cette affaire avait pour conséquence une renouvellement de l'autorité française en Europe.[58] Je pense que le style de cette chronique est très exagéré et le message présenté d'une façon débordante n'est pas complètement vrai.

4.2 Les relations entre la France et les Etats-Unis

«Punir la France, oublier l'Allemagne»[59] - cette citation de Condoleezza Rice a annoncé les conséquences pour la France qui était puni le plus dure par les Etats-Unis après la fin de la guerre en Irak. Contrairement à l'Allemagne, la France ne s'est pas rendue compte en temps voulu de la nécessité d'un changement d'attitude envers les Etats-Unis.[60] Par conséquent, il ne reste que l'espérance d'un changement de gouvernement américain:

« Sans le dire, les Français pensent cependant que les difficultés
de la guerre peuvent affaiblir à Washington le camp des faucons. »[61]

Pendant la «guerre des mots»[62] entre Washington et Paris, les Etats-Unis a prétendu que la France avait perdu son chemin en faisant entendre sa différence à propos l'Irak. D'après eux, les Français sont des traités déraisonnables, qui changent de camp quand il sera dangereux pour eux. A l'avis des journalistes de *L'EXPRESS*, tous les reproches concernant l'approche France-Irak sont justifiés sauf le fait que la France a changé de parti. Pour les auteurs, elle a suivi un chemin unitaire depuis trente ans concernant l'Irak. Le problème est que ce chemin n'est pas identique avec la «voie sacrée de la solidarité atlantique [...] où George W. Bush nous conjure de le rejoindre».[63]

4.3 Les intérêts économiques de la France

« La France se contorsionne sous la pression américaine,
mais semble déjà céder du terrain en faveur de la levée
des sanctions jadis imposées à l'Irak. »[64]

En un mot, l'économie française a toujours profité de toutes les coopérations entre la France et l'Irak, mais aussi d'une relation diplomatique avec les pays modérés du Moyen-Orient.

Concernant la raison pour laquelle les Etats-Unis étaient parti en guerre contre l'Irak on a indiqué souvent le pétrole. Selon un sondage parmi les jeunes Français entre 15-25 ans publié par *L'EXPRESS*, 53% le croient.[65]

Mais rares sont ceux qui savent que la France toujours voit son intérêt pour le pétrole irakien dès les années vingt et que le choc pétrolier en 1973 était important pour la collaboration entre ces deux nations. En fait, il y a avait un temps où l'Irak était le deuxième fournisseur pétrolier de la France. Certes, les Français se sont efforcé d'assurer son part de pétrolier après la nationalisation du pétrole irakien. Mais déjà les sanctionnes de l'ONU ont restreint les compagnies français comme la *CFP* (*Compagnie française des pétroles*), qui se partageait les gisements pétrolifères en Irak avec la Grande-Bretagne et les Etats-Unis. Pendant quarante ans la *CFP* avait essayé de conter les Etats-Unis, mais elle a resté sans succès. Désormais, Paris avait peur que la guerre peut provoquer l'éviction de la France. Le seul espoir du gouvernement français: «l'avenir n'est pas entièrement politique et l'Irak à reconstruire aura besoin de toutes les compétences».[66] Bref, Jacques Chirac pense déjà aux futures affaires en Irak et concernant le pétrolier, il compte sur une reprise du commerce sans sanctions.[67]

4.4 La position de Jacques Chirac

« Sa [Jaques Chirac] popularité [...] est historiquement compréhensible.
La France reste une monarchie républicaine, qui, d'un seul coup,
se rassemble derrière son héros, oubliant tout [...] Jacques Chirac s'est
conforté dans l'idée que les Français comprenaient qu'il pouvait être pour
la paix sans être pacifiste, et contre la guerre sans être antiaméricain. »[68]

Voilà la ligne politique suivie par Jacques Chirac: on ne s'est engagé pas car la guerre était l'affaire des Etats-Unis. La France n'a voulu risquer rien. En fait, elle a eu une position pas isolée dans le domaine de la politique internationale. D'après une statistique de *Le Point* la popularité de Jacques Chirac a augmenté pendant la crise en Irak: environ 69% lui a jugé favorable en mars 2003 en comparaison de 57% en janvier 2002. De plus, seulement 25% des personnes interrogées lui a jugé défavorable en mars 2003 en comparaison de 32% en janvier 2002.[69]

Mais je ne suis pas sûre, si on peut parler d'une vraie augmentation, car les différences de 12% et de 7% pendant une année ne sont pas très grande. Enfin, la question reste en suspense si cette statistique est vraiment représentative.
Le président s'est trouvé dans son quinquennat. Par conséquent, il s'est efforcé de le donner un sens en ne semblant jamais absent mais aussi en ne semblant omniprésent dans toutes les domaines politiques. En réalité, il a contrôlé presque tout. Somme toute, un président ambitieux et se sentant élu par 82,28% qui a fait attention à ce qui s'est passé chez le peuple et quelle opinion publique était important. Quant à ce fait, on lui a rapproché de ne pas présider mais de faire campagne.[70]
En France, on a parlé déjà d'un nouvel «chiraquisme»:

« philosophe et pragmatique, à la fois arpenteur des leçons universelles et horloger du quotidien, président à la grande sagesse et à la petite semaine [...] Pour l'heure, il est à la fois vigilant et tolérant [...] La tâche lui semble à la fois accessible et nécessaire pour réussir son quinquennat. »[71]

4.4.1 Jacques Chirac suivant Gerhard Schröder

Déjà à partir de son deuxième mandat, Jacques Chirac a pensé à établir une coopération avec l'Allemagne. Ça montre le fait qu'il a invité Edmund Stoiber, favori des élections allemandes à cet époque là à l'Elysée. L'affirmation d'un ministre montre cet souci de Jacques Chirac de suivre un partenaire allemand, n'importe qui - Gerhard Schröder ou Edmund Stoiber.[72]
Après la déclaration du Gerhard Schröder le 23 janvier 2003, Jacques Chirac s'est rallié par déclarer que cette attitude franco-allemande constitue une politique étrangère commune de l'Europe. Mais il n'annonce pas une concrète opinion de la France.[73]
La France qui a perdu son envergure dans le domaine de la politique internationale[74] a suivi une Allemagne ayant découvert son stature autonome et sa voix au chapitre internationale.[75] De surcroît, Jacques Chirac a cherché l'approche franco-allemande qui sert à ses intérêts européens.

4.4.2 Jacques Chirac se ménageant une porte de sortie

Jacques Chirac a hésité de s'engager en laissant ouverte la possibilité d'une guerre avec le mandat de l'ONU. Par conséquent il ni suivait les Etats-Unis ni l'Allemagne:

> « Une frappe militaire est un geste très grave, qui justifie [...]
> que le Conseil de sécurité en débatte [...] L'action préventive
> est une doctrine extraordinairement dangereuse [...] »[76]

Il s'est prononcé seulement contre une action unilatérale du côté des Etats-Unis et contre une riposte si Saddam Hussein avait entravé le travail des inspecteurs de l'ONU. Il a agit en tant qu'un médiateur entre l'Irak et l'ONU ou bien les Etats-Unis, mais pas comme un pacifiste. Longtemps, Jacques Chirac s'était référé à une décision possible du Conseil de sécurité. Enfin, il avait prétendu de ne pas connaître les preuves dont parle la Maison-Blanche. A mon avis, il savait que l'Irak a pu produire des armes grâce au réacteur français livré en 1980.[77]

C'est pareil pour l'affirmation de Michèle Alliot-Marie, ministre de la Défense qui a déclaré, en étant bourrue après que les journalistes ont posé la question d'une participation militaire en Irak pour la deuxième fois, que la militaire française concernant son équipement actuel est prête à intervenir en Irak si le gouvernement le décide.[78]

Dans une interview publiée par le *New York Times*, le Président a évité de parler de deux camps en Europe qui sont commandés d'une part par Tony Blair et José Maria Aznar et d'autre part par lui-même et Gerhard Schröder.[79]

De plus, il a pris ses distances par rapport au chancelier allemand:

> « Gerhard SCHROEDER [...] a pris une position catégorique [...] :
> quelle que soit la décision du Conseil de sécurité, l'Allemagne
> ne participera pas à cette action. Moi, je n'ai pas été aussi loin [...],
> comme la France est membre du Conseil de sécurité, elle ne peut pas
> préjuger. Je ne peux pas dire à la fois : le Conseil de sécurité doit décider
> et, ensuite, quand il aura décidé, moi je fais ce que je veux [...] Donc je
> suis naturellement dans une position différente de celle du Chancelier. »[80]

Concernant le Conseil de sécurité, Jacques Chirac avait le but de défendre l'autorité de l'ONU en général pour la simple raison que la France seulement y est l'égale des Etats-Unis. A cause de son statut comme membre permanent avec un droit de veto dans le Conseil de sécurité, la France a voulu empêcher que l'ONU devienne insignifiante. De plus, Jacques Chirac a eu l'occasion de faire valoir l'importance internationale de la France et de rétablir l'hiérarchie entre la France et l'Allemagne comme un membre non permanent et par conséquent presque sans importance.[81]

4.5 Les relations françaises avec l'Irak

« De Pompidou à Mitterrand, de Giscard à Chirac, s'il y a un domaine où la continuité de l'État français s'est exercée, c'est bien celui des relations avec le régime de Saddam Hussein. Une singulière approche qui exaspère Washington. »[82]

Bien sûr, la position française était influencée par les relations franco-irakiennes depuis 1972, quand Georges Pompidou a reçu Saddam Hussein pour la première fois. Mais il est aussi clair que l'Irak ne va pas se montrer reconnaissante après la guerre. Si différents les présidents français mentionnés ici sont, ils ont eu en commune l'intérêt pour des affaires rentables avec le riche dictateur. En particulier Jacques Chirac a cultivé des relations diplomatiques avec Saddam Hussein depuis son temps en qualité de Premier Ministre de Valéry Giscard d'Estaing. En fait, c'était lui qui a renforcé la politique irakienne, car il était «séduit par Saddam Hussein, en qu'il voit le modernisateur de l'Irak.»[83] Quant à cette expression, je crois qu'on pourrait avoir l'impression que Jacques Chirac n'est pas responsable de ce qu'il a fait, si on ne pense pas à l'ironie. Somme toute, l'article montre l'histoire des relations sans critiquer, les lecteurs doivent juger eux-mêmes. En raison des intérêts économiques et financiers, la France avait très tôt commencé à lier l'Irak solvable à l'économie française. En fait, la France lui livrait entre autres un réacteur favorable pour des applications militaires.

Après cette affaire lucrative Jacques Chirac a parlé d'une «affection»[84] pour l'Irak, ignorant que Saddam Hussein parle déjà de l'arme atomique - une indice pour ses vrais intérêts. Même les Etats-Unis n'y a vu aucune menace, croyant que l'Irak se laisse contrôler par AIEA (l'Agence internationale de l'énergie atomique). Par ailleurs, la France a servi à l'arment irakien, car l'Irak avait assuré de fournir la France régulièrement en pétrole. En 1982 pendant la guerre en Iran, la France a déclaré la sécurité de l'Irak comme «impératif de défense nationale»[85] et a livré des armes prélevées sur le stock de la marine française - elle avait risqué une cobelligérant. Très tard la France a réalisé son faut et à partir de ce moment-là on s'est orienté vers les Etats-Unis pour garder sa place dans le nouvel ordre mondial face à la guerre du Golfe. Officiellement, il n' y avait plus une collaboration, mais déjà en 1993 il s'est formé un nouvel groupe d'amitié franco-irakienne, organisé par des pétroliers. Quand Jacques Chirac est élu président, l'Irak a espéré un nouvel relation, mais il a hésité, car il ne voulait pas que les Etats-Unis lui considèrent en tant qu'un allié de l'Irak. En 1998, Jacques Chirac a servi en qualité d'un médiateur entre l'ONU et l'Irak, mais son engagement a pas du succès et il en résulte qu' il ne s'occupe jamais de l'Irak jusqu'au 2002.[86]

5. Le rôle de l'Union européenne dans le conflit

Le conflit a montré la nécessité d'un renforcement de la capacité d'agir de l'Union européenne et de la formation d'un contrepoids à supériorité américaine qui est quelquefois intolérable. Pour que l'Europe puisse l'influencer la discussion sur les principes d'un ordre internationale, elle doit constituer une partenaire forte et inévitable pour les Etats-Unis. Certes, il y avait aussi une part de responsabilité de Jacques Chirac et Gerhard Schröder dans la division de l'Union européenne causée d'un côté par le refus allemand précipité pendant la campagne électorale et d'autre côté par la volée de bois française concernant les futures Etats membres de l'Union qui s'étaient ralliés aux Etats-Unis et à la Grande-Bretagne.[87]

5.1 La future fonction de l'Union européenne

D'après Bernard Guetta le moment est venu pour agir: il exige un pouvoir européen égal en droits et élu par le peuple. Il faut que tous les Etats européens tirent dans le même sens et suivent une ligne commune et autonome concernant l'organisation de la démocratie mondiale à l'avenir. Pour lui, s'était évident que les faucons dans la Maison-Blanche, en particulier Donald Rumsfeld connaissent seulement une réponse au terrorisme internationale - une riposte militaire contre, pour que les Etats-Unis ne soient jamais attaqué dans leur pays. En fait, la guerre était déjà une chose arrêtée - même sans l'aval de l'ONU. Le chroniquer critique que c'est dorénavant le droit du plus fort qui règne dans la monde et pas la légalité internationale et les Nations unies. Il ne voit presque une chance pour l'Europe se défendre contre cette superpuissance arrogante qui manque de sens de responsabilité pour les malheurs dans le monde et déjà sûre de la victoire. Mais Bernard Guetta se prononce pour l'attitude commune franco-allemande dès le début du reportage en 2002.[88]

5.2 La lutte pour le pouvoir provoquant une division de l'Europe

« Il n'agit rien de moins que de conquérir le leadership sur le Vieux Continent, de s'assurer le contrôle de sa représentation sur la scène extérieure et d'imprimer, dans la foulée, sa vision des futures institutions de l'Europe élargie. »[89]

En un mot, l'Irak a offert un prétexte pour une lutte pour le rôle dirigeant en Europe, car l'Union européenne future sera formée et chaque pays veut assurer son propre intérêt. La question d'une guerre ou non a divisé l'Europe. Il n'y avait pas une politique commune mais deux parties qui parlent chaque pour soi-même, une situation inquiétant. D'un part, il y a eu la coalition des partisans, dont les leaders étaient Tony Blair et José Maria Aznar. Ils ont soutenu l'attitude de George W. Bush de provoquer la chute du régime en Irak à tout prix, même sans l'accord du Conseil de sécurité.

De plus, ils ont favorisé la solidarité européenne fondée sur une gratitude formulée dans la Lettre des Huits. De l'autre, il y avait la France et l'Allemagne qui ont proposé un désarmement pacifique de l'Irak en renforçant des inspections. Avant de céder au pression fait par George W. Bush qui regardait la crise comme un test de loyauté et la plupart des pays européens étaient de la même avis, ils auraient mis leur veto. Certes, il y avait des divergences d'opinions dès le début de la crise, mais la proclamation franco-allemande d'une attitude commune contre le plan de la Maison-Blanche à l'occasion de la célébration de la 40e anniversaire du traité de l'Elysée sans avoir consulté les autres, était le motif pour la confrontation entre ces quatre membres de l'Union européen qui étaient à cette date-là représentés au Conseil de sécurité. Contrairement à Jean-Michel Demetz j'ai l'impression que les autres pays n'étaient pas irrités, mais ont sauté sur l'occasion pour faire valoir leurs propres intérêts qu'ils ont caché pendant le sommet des ministres des Affaires étrangères. L'auteur croit à une réaction en chaîne. L'initiative franco-allemande a provoqué le peur d'un leadership arrogant franco-allemand. Mais l'auteur ne donne pas la culpabilité pour une division d'Europe à la France et à l'Allemagne. A cet égard, il laisse les lecteurs décider de juger en citant Durão Barroso, le Premier ministre portugais.[90]

Denis Jeambar pense que l'Europe pacifiste et antiaméricain a risqué de détruire l'union des nations et leur solidarité fondée sur les valeurs démocratiques. Son message est qu'on ne peut pas être contre ses alliés si on veut gagner. Il va jusqu'à affirmer que cette position va avoir plus de conséquences qu'un «navrant impérialisme messianique»[91] de George W. Bush. La France et l'Allemagne ont la responsabilité d'une division des Etats démocratiques en se référant au droit international et la morale et en s'allier aux pays antidémocratiques comme l'Irak. Il reproche à eux de plutôt vouloir plaire au lieu de s'opposer au islamisme radical et pour lui, c'est une sorte de capitulation. Somme toute, l'auteur préfère l'unité des pays démocratiques pour se défendre contre cette menace.[92]

5.3 La situation de l'Allemagne dans l'Union européenne

Du côté des alliés européens, on a reproché à Gerhard Schröder d'avoir choisir des amis faux dans le conflit. Pas seulement les autres Etats lui critique concernant son idée d'un moteur franco-allemand dans l'Europe, mais aussi ses partenaires politiques. En principe, l'élargissement de l'Union européenne avec les pays de l'Est pourrait constituer une perspective prometteuse pour l'Allemagne, grâce aux relations commerciaux.[93]
Mais pour ma part, je pense que l'élargissement de l'Union est aussi un danger pour le marché de l'empois en Allemagne.

5.4 La situation de la France dans l'Union européenne

« La France actuelle travaille uniquement pour servir ses propres
   intérêts sans se soucier de ses principes [...]. Elle n'a plus de rôle
   à jouer sur la scène internationale. »[94]

Une phrase émise à l'occasion de la guerre du Golfe qui convient aussi à la situation dans l'Irak.

Pendant les cinq dernières ans, la France n'a pas joué un grand rôle sur la scène internationale, un fait qui Jacques Chirac veut changer. A l'égard de la politique européenne, Jacques Chirac reste encore un homme de contradictions, qui ne veut pas s'engager à propos d'une ligne directe dans sa politique étrangère. La conséquence en est que son plan européen reste terne et sans engagement. En fait il fallait un rappel à l'ordre du côté de Jean-Pierre Raffarin pour lui fait comprendre que la France doive parler avec un voix dans l'Union européenne pour qu'il soit entendu plus fort. En outre, dans le domaine de la politique européenne, Jacques Chirac ne réussit pas sauf il est capable lui-meme.[95]

Quant à une défense européenne commune, la France en va montrer un bon exemple selon Michèle Alliot-Marie, ministre de la Défense. Elle est convaincue de la nécessité d'une défense européenne face aux menaces du forme des terrorisme internationale.[96]

6. Le rapprochement franco-allemand pendant la crise en Irak

Certes, chaque pays a agi d'après ses propres intérêts et ses propres raisons concernant le refus d'une guerre en Irak, mais certes qu'il y avait aussi un intérêt renforcé pour l'Allemagne et les relations franco-allemandes dans le reportage de L'EXPRESS, entre autre à la suite de l'anniversaire du traité de l'Elysée.

6.1 Les conditions pour un rapprochement

Premièrement, le 40e anniversaire du traité de l'Elysée a provoqué une reprise des relations franco-allemandes. Depuis ce moment-là, les deux pays se sont efforcé d'élaborer des propositions franco-allemandes concernant la Constitution et une défense commune de l'Union européenne, la création du poste d'un ministre des Affaires étrangères et d'un poste d'un président européen pour qu'ils puissent montrer leur leadership. Deuxièmement, la France et l'Allemagne sont d'accord sur une indépendance européenne à l'égard des Etats-Unis. En particulier l'Allemagne a pris une nouvelle direction concernant les relations germano-américaines marquées par le resserrement des liens avec la France. Jacques Chirac et Gerhard Schröder se sont rendu compte d'une nécessité d'une coopération franco-allemande bien qu'ils n'aient pas beaucoup en commun. Troisièmement la diffamation américaine de la France et de l'Allemagne en les accusant d'être le «Old Europe» a provoqué une cohésion plus intensive concernant une politique commune franco-allemande. Somme toute, le moteur franco-allemand est indispensable pour l'union de l'Europe et pour une progressivité dans un Europe avec plusieurs vitesses.[97]

L'avenir de l'Europe est mis en jeu - il faut tenir compte de ce fait.
Je voudrais ajouter un autre point. En France et en Allemagne le gouvernement était soutenu par la population. Partout en Europe les manifestations ont le montre et ça avait soutenu aussi en reverse les gouvernements.

6.2 L'importance du rapprochement pour l'Europe

« L'Allemagne est un peu plus française, la France un peu plus allemande. Entre ces deux pays dont la connivence est si nécessaire à l'affirmation européenne, à leur influence commune et à la stabilité internationale, il y a aujourd'hui un glissement de rôles, propice à la relance de leur dialogue. [...] La superbe de l'une, la morgue de l'autre en sont relativisées et leurs échiquiers politiques se sont, parallèlement, accordés »[98]

Cette affirmation souligne le rapprochement évident entre l'Allemagne et la France dans une mesure importante pour l'Union européenne et la politique internationale. Le dialogue franco-allemand ne concerne seulement la période pendant la crise en Irak, mais aussi la future politique européenne. L'auteur va jusqu'à employer l'image des «deux sœurs».[99] Autrement dit, ces deux nations ont beaucoup des points communs, par exemple concernant l'origine historique ou des intérêts politiques. Mais à mon goût ils ont une certaine identité et particularité nationale comme chaque frère et sœur. J'ai l'impression que le désir d'une l'Union européenne influencée par l'unité franco-allemand et non par les alliés européens de George W. Bush et le désir d'une coopération franco-allemand dans le domaine d'un projet politique et institutionnel comme porteur d'espoir et motivation, c'est pas encore pour demain. Encore, les deux nations sont chacune pour soi une unité. Ils travaillent ensemble, car ils ont les mêmes intérêts et une volonté d'une coopération. Au surplus, il est plus facile d'imposer son plan d'une Europe future quand on est à deux.
Il en est de même pour l'affirmation de Denis Jeambar que la France et l'Allemagne se sont développé des pays ayant des liens politiques et économiques en deux «inséparables siamois».[100]
Je trouve que c'est faux d'interpréter un rapprochement franco-allemand plus intensif qu'autrefois comme une coopération qui va rester sempiternellement - dans le domaine politique, c'est une illusion.
Il faut aussi mentionner qu' il y avait longtemps eu une divergence d'opinions concernant les institution futures de l'Union européenne entre la France et l'Allemagne qui a maintenant conduit à un compromis boiteux et refusé par les autres Etats:

« Reflet de leurs divergences fondamentales sur l'avenir institutionnel de l'union, le chancelier a concocté avec Jacques Chirac une proposition constitutionnelle bancale, ménageant la chèvre fédéraliste et le chou souverainiste en prévoyant deux présidents de l'union au lieu d'un [...] Tous soulignent leur désaveu d'un «directoire» franco-allemand qui n'a plus ni utilité, ni moins encore de légitimité, dans une Europe à 25. »[101]

En général, c'est un jugement négatif de la coopération franco-allemande et il ne semble pas que cette collaboration soit importante pour l'avenir de l'Europe selon l'auteur.

7. Conclusion

« Die Wirklichkeit ist zu komplex, zu veränderlich und unserem persönlichen Erfahrungsbereich, unserem Blick und unserem Zugriff zu entrückt.
Nur durch Auswahl einiger weniger Elemente der Wirklichkeit, starke Vereinfachung und Anpassung an andere, schon bekannte Elemente kann man Vorstellungen von der Wirklichkeit bilden und diese Vorstellungen anderen mitteilen. »[102]

Les évènements politiques sont obtenus avant tout par les médias.

En règle général, ces informations sont ressenties comme des preuves garanties par les lecteurs. Il faut signaler que la réalité des médias n'est pas l'image de la réalité, mais plutôt une construction ou interprétation de la réalité. Souvent, le journaliste doit réduire les faits complexes et simplifier les informations par des schémas de pensée courante.

Pendant le travail, j'ai appris beaucoup concernant le journalisme. Pour moi, ce n'était pas un devoir, car j'envisage le métier d'une journaliste. C'est pourquoi ce mémoire était une aubaine personnelle. Par conséquent, il est arrivé que je m'aie occupé des livres concernant les méthodes de travail des journalistes et des articles et leur style sans qu'il était utile pour le mémoire. En ce moment où j'ai fini le travail, je regrette de ne pas avoir eu la chance d'interviewer Bernard Guetta ou Blandine Milcent, car il y avait des questions après coup. Somme toute, j'ai l'impression que le thème est inépuisable. A l'avenir je crois que j'aille suivre les relations franco-allemandes et l'évolution de l'Union européenne d'une façon plus intensive comme auparavant.

Annotations

[1] Poidevin, Bariéty, S. 468
[2] Poidevin, Bariéty, S. 461
[3] Brochure de L'EXPRESS
[4] Brochure de L'EXPRESS
[5] Albert, p. 14 ff.
[6] Brochure de L'EXPRESS
[7] Sommaire de L'EXPRESS, p. 5
[8] L'ours de L'EXPRESS, p. 39
[9] http://www.lexpress.fr/info/
[10] Leube, Schrader, S. 274 f.
[11] Albert, p. 95
[12] Sommaire de L'EXPRESS, p. 5
[13] Albert, p. 14
[14] Cumul juillet 2001 à juin 2002 de L'EXPRESS
[15] Leube, Schrader, S. 274 f.
[16] Cumul juillet 2001 à juin 2002 de L'EXPRESS
[17] Faure, Milcent, Schröder, chancelier chancelant, p. 62
[18] Milcent, Berlin-Washington La réconciliation, p. 22
[19] Faure, Milcent, Schröder, chancelier chancelant, p. 62 f.
[20] Guetta, Les deux Sœurs, p. 21
[21] Milcent, Schröder piégé par la crise, p. 23
[22] Milcent, La drôle de victoire de Schröder, p. 20
[23] Faure, Milcent, Schröder, chancelier chancelant, p. 62
[24] Faure, Milcent, Schröder, chancelier chancelant, p. 63
[25] Faure, Milcent, Schröder, chancelier chancelant, p. 64
[26] http://www.consulfrance-munich.org/preschirac-nyt.htm
[27] Milcent, La drôle de victoire de Schröder, p. 21
[28] Lagarde, Louyot, France-Irak Le dessous des cartes, p. 54
[29] Faure, Milcent, Schröder, chancelier chancelant, p. 62
[30] Guetta, Les deux sœurs, p. 21
[31] Faure, Milcent, Schröder, chancelier chancelant, p. 63
[32] Faure, Milcent, Schröder, chancelier chancelant, p. 63
[33] Milcent, Berlin-Washington La réconciliation, p. 22
[34] Allemagne: l'aigle déplumé?, p. 74
[35] Allemagne: l'aigle déplumé?, p. 74
[36] Schröder, S. 17
[37] Hugues, Interview Joschka Fischer, p. 28
[38] Faure, Milcent, Schröder, chancelier chancelant, p. 63
[39] Milcent, Social: le modèle Schröder, p. 18
[40] Guetta, Pas Jefferson, hélas..., p. 17
[41] Faure, Milcent, Schröder, chancelier chancelant, p. 62
[42] Faure, Milcent, Schröder, chancelier chancelant, p. 62
[43] Milcent, Schröder piégé par la crise, p. 22 f.
[44] Faure, Milcent, Schröder, chancelier chancelant, p. 62
[45] Milcent, La drôle de victoire de Schröder, p. 20
[46] Milcent, Schröder piégé par la crise, p. 23
[47] Demetz, Union: couac sur l'Irak, p. 18
[48] Faure, Milcent, Schröder, chancelier chancelant, p. 64
[49] Faure, Milcent, Schröder, chancelier chancelant, p. 64
[50] Milcent, La drôle de victoire de Schröder, p. 21

[51] Faure, Milcent, Schröder, chancelier chancelant, p. 62
[52] Faure, Milcent, Schröder, chancelier chancelant, p. 64
[53] Faure, Milcent, Schröder, chancelier chancelant, p. 64
[54] Müller-Brandeck-Bocquet, Der deutsch-französische Gleichklang, S. 45 f.
[55] Ganz, Nouzille, «Nous avons la capacité d'intervenir en Irak», p. 17
[56] Ganz, Nouzille, «Nous avons la capacité d'intervenir en Irak», p.17
[57] Guetta, Le moment français, p. 19
[58] Guetta, Le moment français, p. 19
[59] Pasquier, Chevelkina, Poutine La voie de l'Amérique, p. 18
[60] Milcent, Berlin-Washington La réconciliation, p. 22
[61] Deylau, La France déjà dans l'après-guerre, p. 37
[62] Lagarde, Louyot, France-Irak Le dessous des cartes, p. 59
[63] Lagarde, Louyot, France-Irak Le dessous des cartes, p. 54
[64] Pasquier, Chevelkina, Poutine La voie de l'Amérique, p. 18
[65] 15-25 ans: génération anti-Bush, p. 51
[66] Dupuy, Paris-Bagdad: un monde de brut, p. 57
[67] Dupuy, Paris-Bagdad: un monde de brut, p. 56 f.
[68] Pégard, Chirac au zénith, p. 51
[69] Pégard, Chirac au zénith, p. 51
[70] Barbier, Mandonnet, Chirac prend sa distance, p. 16 f.
[71] Barbier, Mandonnet, Chirac prend sa distance, p. 16 f.
[72] Barbier, Mandonnet, Chirac prend sa distance, p. 16
[73] Demetz, Union: couac sur l'Irak, p. 18
[74] Barbier, Mandonnet, Chirac prend sa distance, p. 16
[75] Guetta, Les deux sœurs, p. 21
[76] Lagarde, Louyot, France-Irak Le dessous des cartes, p. 59
[77] Lagarde, Louyot, France-Irak Le dessous des cartes, p. 59
[78] Ganz, Nouzille, «Nous avons la capacité d'intervenir en Irak», p.17
[79] http://www.consulfrance-munich.org/preschirac-nyt.htm
[80] http://www.consulfrance-munich.org/preschirac-nyt.htm
[81] Müller-Brandeck-Bocquet, Der deutsch-französische Gleichklang, S. 45
[82] Lagarde, Louyot, France-Irak Le dessous des cartes, p. 52
[83] Lagarde, Louyot, France-Irak Le dessous des cartes, p. 55
[84] Lagarde, Louyot, France-Irak Le dessous des cartes, p. 55
[85] Lagarde, Louyot, France-Irak Le dessous des cartes, p. 58
[86] Lagarde, Louyot, France-Irak Le dessous des cartes, p. 54-59
[87] Müller-Brandeck-Bocquet, Der deutsch-französische Gleichklang, S. 41
[88] Guetta, Pourquoi, M. Védrine?, p. 23
[89] Demetz, Union: couac sur l'Irak, p. 18
[90] Demetz, Union: couac sur l'Irak, p. 18 f.
[91] Jeambar, La chute du deuxième mur, p. 5
[92] Jeambar, La chute du deuxième mur, p. 5
[93] Faure, Milcent, Schröder, chancelier chancelant, p. 62-64
[94] Lagarde, Louyot, France-Irak Le dessous des cartes, p. 59
[95] Barbier, Mandonnet, Chirac prend sa distance, p. 16
[96] Ganz, Nouzille, «Nous avons la capacité d'intervenir en Irak», p. 17
[97] Müller-Brandeck-Bocquet, Der deutsch-französische Gleichklang, S. 42-45
[98] Guetta, Les deux sœurs, p. 21
[99] Guetta, Les deux sœurs, p. 21
[100] Jeambar, Voir vrai, p. 3
[101] Faure, Milcent, Schröder, chancelier chancelant, p. 64
[102] Noelle-Neumann, S. 34

Appendice

1. Les tableaux

1.1 Les hebdomadaires illustrées d'information en France

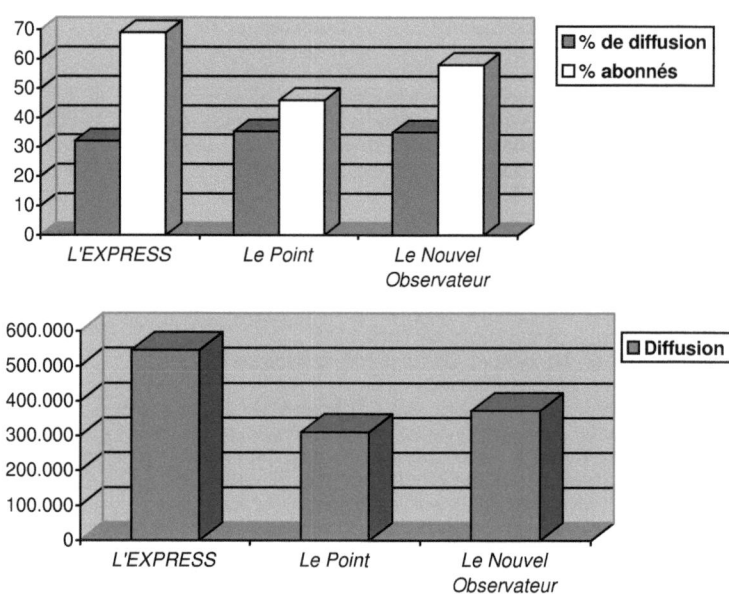

Les chiffres sont ceux des contrôles O.J.D. de 1979-1980 (Albert, p. 95)

1.2 Le tirage de *L'EXPRESS* entre 1960 et 1979

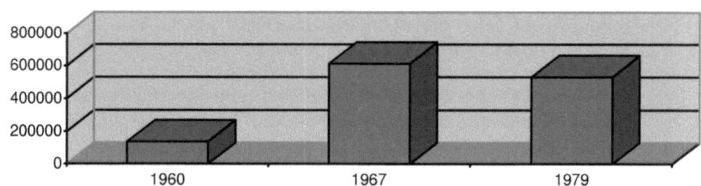

(Leube, Schrader, p. 247 f.)

1.3. Les lecteurs de *L'EXPRESS*

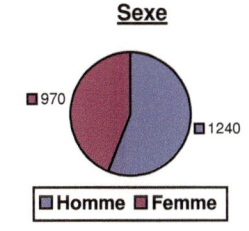

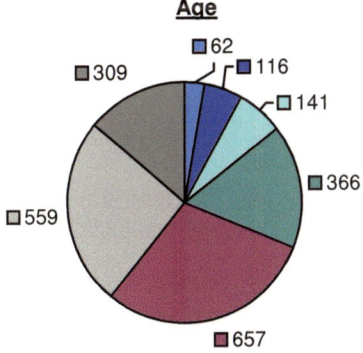

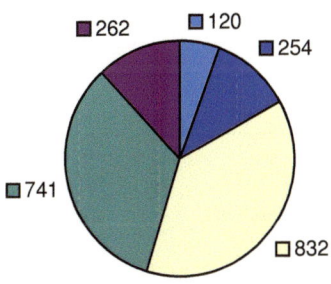

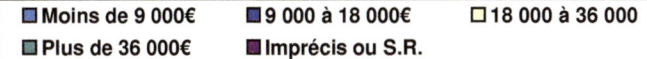

Niveau d'instruction

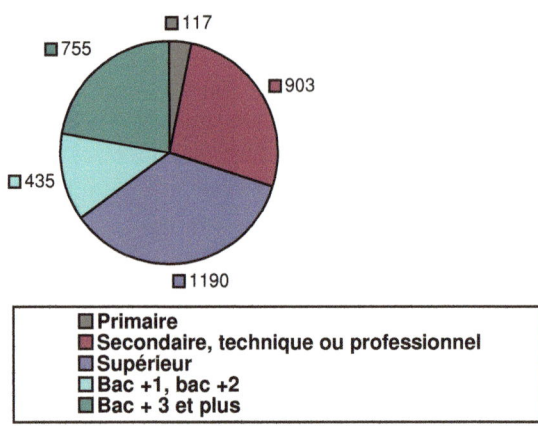

- Primaire
- Secondaire, technique ou professionnel
- Supérieur
- Bac +1, bac +2
- Bac + 3 et plus

PCS individu
(professions et catégories socio professionnelles)

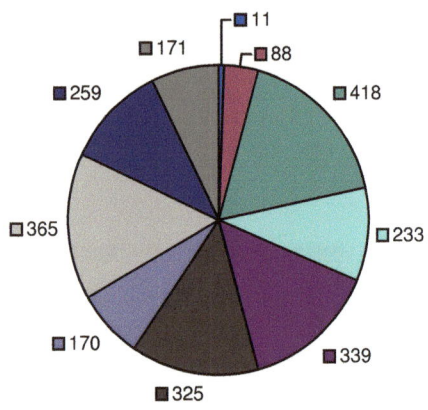

- Agriculteur
- Affaires et cadre
- Profession intermédiaire
- Ouvrier
- Etudiant, lycéen
- Petit patron
- Chef + cadre entreprise
- Employé
- Retraité
- Femme au foyer

(Cumul juillet 2001 à juin 2002 de *L'EXPRESS*)

2. L'explication des noms cités des collaborateurs de L'Express

Demetz, Jean-Michel

Un des grands reporters de la rubrique La Semaine / Monde.
(L'ours de L'EXPRESS)
(Sommaire de L'EXPRESS)

Faure, Michael

Un des grands reporters de la rubrique La Semaine / Monde.
(L'ours de L'EXPRESS)
(Sommaire de L'EXPRESS)

Giroud, Françoise

Elle a fondé L'EXPRESS ensemble avec Jean-Jacques Servan-Schreiber.
En 1956, elle devient Directrice et en 1963 Directrice de la rédaction,
mais toujours ensemble avec Jean-Jacques Servan-Schreiber.
En 1969, après que Jean-Jacques Servan-Schreiber a quitté le direction
générale de L'EXPRESS, elle devient Directrice de la publication et membre
du Directoire du Groupe Express. Enfin, après la crise de 1971, elle devient
Directrice de la rédaction et de la publication.
Mais déjà en juin 1974, elle quitte ses fonctions au sein du Groupe, car elle
est nommée secrétaire d'Etat auprès du premier Ministre Jacques Chirac,
chargée de la condition féminine. Un an après, elle disparaît de l'ours du
journal.
(Brochure de L'EXPRESS)

Guetta, Bernard

Un des quatre chroniqueurs de L'EXPRESS. Ses chroniques paraissent
toujours sous la rubrique La Semaine / Monde ou La Semaine / Europe.
(L'ours de L'EXPRESS)
(Sommaire de L'EXPRESS)

Jeambar, Denis

Le 26 mars 1996, il est nommé Directeur de la rédaction de L'EXPRESS
après avoir quitté Europe 1. En décembre 1997, Denis Jeambar est nommé
Président du directoire tout en conservant ses fonctions de Directeur de la
rédaction et de Directeur de la publication.
(Brochure de L'EXPRESS)

Malraux, André

André Berger est né en 1901. Jusqu'à 1939, il était communiste et il était associé entre autres à des insurrections en ancienne l'Indochine français et à la guerre civile en l'Espagne. De plus, il faisait partie de la Résistance. De 1959 au 1969 il était ministre d'Etat pour des affaires culturelles. Concernant la littérature, il était un des premiers remplaçant de la «littérature engagée».
Sa collaboration régulier à *L'EXPRESS* commence le 25 décembre 1954.
(Duden-Lexikon in 3 Bänden, p. 1455)
(Brochure de *L'EXPRESS*)

Mauriac, François

Un écrivain français, né en 1895 et mort en 1970. En 1952, il a obtenu le prix Nobel. Il a écrit des romans, des drames, par exemple «Asmodée» et des poèmes. Son style était d'un simplicité classique.
Le 10 avril 1954, *L'EXPRESS* reçoit son «Bloc-notes».
(Duden-Lexikon in 3 Bänden, p. 1502)
(Brochure de *L'EXPRESS*)

Mendès-France, Pierre

Un homme politique français, qui est né en 1907. Pendant les années 1954/55 il était ministre président et il a cessé en l'espace de quatre semaines la guerre en l'Indochine en faisant des concessions considérables. De plus, il a promis autonomie intérieur à la Tunisie. Il fait partie des 3 «M» (Malraux, Mauriac, Mendès-France) de *L'EXPRESS*.
(Duden-Lexikon in 3 Bänden, p. 1517)
(Brochure de *L'EXPRESS*)

Milcent, Blandine

La seule correspondante de *L'EXPRESS* en Allemagne, habitant à Berlin. Elle travaille aussi pour *La Croix*.
(Correspondants de la presse française)

Sartre, Jean-Paul

Né en 1905, le philosophe et écrivain français était un petit-neveu d'Albert Schweitzer. Il commence sa collaboration à *L'EXPRESS* en l'automne 1956.
Le 9 novembre 1956, un article titré «Après Budapest, Sartre parle» parait dans la rubrique *La marche des idées*.
(Brochure de *L'EXPRESS*)

Servan-Schreiber, Jean-Jacques
Il était un des fondateurs de L'EXPRESS. En 1956, il est devenu Directeur de la publication. Le 5 février 1957, il est rappelé sous les drapeaux: bien qu'il parte en Algérie, Jean-Jacques Servan-Schreiber continue à diriger la ligne politique du journal. En 1963, Jean-Jacques Servan-Schreiber est Directeur général, Directeur de la publication et avec Françoise Giroud Directeur de la rédaction. Six ans après, il quitte la direction générale de L'EXPRESS pour devenir secrétaire général du Parti Radical Socialiste. En printemps 1971, son activité politique déclenche une crise: bien qu'il démissionne du Conseil de surveillance du Groupe Express, il poursuit sa collaboration au journal en conservant une rubrique. Par conséquent, les journalistes protestent en parlant d'une ingérence politique. Enfin onze journalistes démissionnent en juin 1971. En mai1974, Jean-Jacques Servan-Schreiber entre dans le gouvernement de Jacques Chirac comme ministre des reformes.
(Brochure de L'EXPRESS)

Bibliographie

Littérature primaire

Articles de L'EXPRESS

15-25 ans : génération anti-Bush, in: L'EXPRESS, 2003, N°2701, La semaine du 10 au 16 avril, p. 51

Allemagne: l'aigle déplumé?, in: L'EXPRESS, 2003, N°2690, La semaine du 23 au 29 janvier, p. 74

Barbier, C., Mandonnet, E., Chirac prend sa distance, in: L'EXPRESS, 2002, N°2673, La semaine du 26 septembre au 2 octobre, p. 16-17

Demetz, J.-M., Union: couac sur l'Irak, in: L'EXPRESS, 2003, N°2693, La semaine du 13 au 19 février, p. 18-19

Dupuy, G., Paris-Bagdad: un monde de brut, in: L'EXPRESS, 2003, N°2693, La semaine du 13 au 19 février, p. 56-57

Faure, M., Milcent, B., Schröder, chancelier chancelant, in: L'EXPRESS, 2003, N°2694, La semaine du 20 au 26 février, p. 60-64

Ganz, P., Nouzille, V., «Nous avons la capacité d'intervenir en Irak», in: L'EXPRESS, 2002, N°2672, La semaine du 19 au 2 5 septembre, p.17

Guetta, B., Le moment français, in: L'EXPRESS, 2002, N°2677, La semaine du 24 au 30 octobre, p. 19

Guetta, B., Les deux Sœurs, in: L'EXPRESS, 2002, N° 2673, La semaine du 26 septembre au 2 octobre, p. 21

Guetta, B., Pas Jefferson, hélas..., in: L'EXPRESS, 2002, N°2669, La semaine du 29 août au 4 septembre, p. 17

Guetta, B., Pourquoi, M. Védrine?, in: L'EXPRESS, 2002, N°2641, La semaine du 14 au 20 février, p. 23

Jeambar, D., La chute du deuxième mur, in: L'EXPRESS, 2003, N°2698, La semaine du 20 au 26 mars, p. 5

Jeambar, D., Voir vrai, in: L'EXPRESS, 2002, N°266 9, La semaine du 29 août au 4 septembre, p. 3

Lagarde, D., Louyot, A., France-Irak Le dessous des cartes, in: L'EXPRESS, 2003, N°2693, La semaine du 13 au 19 février, p. 5 2-59

Milcent, B., Schröder piégé par la crise, in: L'EXPRESS, 2002, N°2641, La semaine du 14 au 20 février, p. 22-23

Milcent, B., La drôle de victoire de Schröder, in: L'EXPRESS, 2002, N°2673, La semaine du 26 septembre au 2 octobre, p. 20-21

Milcent, B., Berlin-Washington La réconciliation, in: L'EXPRESS, 2003, N°2705, La semaine du 8 au 14 mai, p. 22-23

Milcent, B., Social: le modèle Schröder, in: L'EXPRESS, 2003, N°2718, La semaine du 7 au 13 août, p. 18-19

Pasquier, S., Chevelkina, A., Poutine La voie de l'Amérique, in: L'EXPRESS, 2003, N°2704, La semaine du 30 avril au 7 mai, p. 18-19

L'ours, in: L'EXPRESS, 2003, N°2717, La semaine du 31 juillet au 6 août, p. 39

Sommaire, in: L'EXPRESS, 2003, N°2698, La semaine du 20 au 26 mars 2003, p. 5

Articles de Le Point

Deylau, P., La France déjà dans l'après-guerre, in: Le Point, 2003, N°1594, Hebdomadaire d'information du vendredi 4 avril, p. 37

Hugues, P., Interview Joschka Fischer, in: Le Point, 2003, N°1583, Hebdomadaire d'information du vendredi 17 janvier, p. 28-29

Pégard, C., Chirac au zénith, in: Le Point, 2003, N°1592, Hebdomadaire d'information du vendredi le 21 mars, p. 51

Sites Internet

http://www.lexpress.fr/info/ (20.01.2004)

http://www.consulfrance-munich.org/preschirac-nyt.htm (03.09.2003)

Littérature d'accompagnement

Livres spécialisés

Albert, P., La Presse, Paris, Presses Universitaires de France, 1982[6], Band 414, Collection encyclopédique «Que sais-je?»

Lexikonredaktion d. Bibliographischen Instituts (Hrsg.), Duden-Lexikon in 3 Bänden, Mannheim, Wien, Zürich, Mannheim Dudenverlag, 1972[5], Band 2: G-O

Leube, E., Schrader, L. (Hrsg.), Frankreich-Lexikon, Schlüsselbegriffe zu Wirtschaft, Gesellschaft, Politik, Geschichte, Kultur, Presse- und Bildungswesen, Berlin, Erich Schmidt Verlag, 1981, Grundlagen der Romanistik 7

Müller-Brandeck-Bocquet, G., Der deutsch-französische Gleichklang in der Irak-Krise - Ausgangspunkt für weitere außen- und sicherheitspolitische Gemeinsamkeiten?, in: Politische Studien, November / Dezember 2003, Heft 392, 54. Jahrgang, Atwerb Verlag KG, Hanns-Seidel-Stiftung (Hrsg.), S. 41-49

Noelle-Neumann, E., Kumulation, Konsonanz und Öffentlichkeitseffekt, in: Publizistik 18, 1973, Nr. 1, S. 26-55

Schröder, G., Das deutsch-französische Verhältnis in einem erweiterten Europa, in: Freiburger Universitätsreden, Freiburg im Breisgau, Rombach Verlag, 2002, Band 3

Poidevin, R., Bariéty, J., Frankreich und Deutschland Die Geschichte ihrer Beziehungen 1815-1975, München, Verlag C.H. Beck, 1982

Brochure concernant l'histoire de *L'EXPRESS*, auteur anonyme, sans lieu et date

Correspondants de la presse française, auteur anonyme, sans lieu et date

Cumul juillet 2001 à juin 2002 - Lecture Dernière Période de *L'EXPRESS*, rédigé en 15/10/2002, auteur anonyme, sans lieu